LE PREMIER PAS

DE SON ALTESSE,

VAUDEVILLE EN UN ACTE,

PAR MM. DE LEUVEN ET DEFORGES;

REPRÉSENTÉ POUR LA PREMIÈRE FOIS A PARIS, SUR LE THÉATRE DE LA GAITÉ,
LE 19 NOVEMBRE 1836

(DIRECTION BERNARD-LÉON.)

Ma petite, c'est ainsi que l'on se venge d'un mari!   (SCÈNE XIX.)

PARIS,

NOBIS, ÉDITEUR, RUE DU CAIRE, N° 5.

1836.

LE PRINCE ÉDOUARD.	Mlle LÉONTINE.
Sir JOHN PILBURY, secrétaire du prince.	M. ARMAND.
SIR GEORGES BRUMMEL, premier écuyer du prince.	M. CAMIADE.
LA COMTESSE ARABELLA WILFORD, veuve du gouverneur du château de Richmond.	Mlle ÉLISE.
LUCY, jeune Ecossaise.	Mlle ROUGEMONT.
DOMESTIQUES.	

La scène se passe au château de Richmond, près de Londres

Imp. J.-R. MEVREL, pass. du Caire, 54.

LE PREMIER PAS DE SON ALTESSE,

VAUDEVILLE EN UN ACTE.

Le théâtre représente un salon élégant, portes au fond, et des deux côtés. A gauche. une table et tout ce qu'il faut pour écrire. A droite, sur le premier plan, une fenêtre, un canapé, etc.

SCÈNE I.

LA COMTESSE, seule, entrant, et à la cantonnade.

Que tous les gens de service du château prennent à l'instant la grande livrée, et qu'on ordonne à tous les habitans de se porter avec enthousiasme au‑devant de monseigneur. (S'avançant.) C'est singulier, je suis tout émue depuis que j'ai reçu cette lettre de sir John Pilbury, qui m'annonce l'arrivée du prince... c'est pourtant un événement tout naturel... Elevé dans cette résidence dont feu Lord Wilford, mon mari était gouverneur, le prince ne l'a quittée que pour aller terminer à Londres son éducation... et il y revient à sa majorité, ramené sans doute par ses souvenirs d'enfance; j'ai peine à m'expliquer le ton mystérieux de ce billet... relisons...

» Ma chère Lady, nous partons dans une heure pour Richmond; le Prin» ce y sera à midi précis, ne manquez pas de vous trouver au château à » son arrivée... cela est très essentiel. Un grand rôle se prépare pour nous » si nous savons bien nous entendre : c'est une alliance que je vous offre : » nous discuterons ensemble les clauses du traité... je n'ai pas le temps de » vous en dire davantage... à demain...

» Votre tout dévoué, JOHN PILBURY. »

C'est un habile courtisan que maître John Pilbury, secrétaire intime de son altesse... il ne néglige rien pour capter les bonnes grâces du jeune prince... N'importe, voyons-le venir... (On entend le roulement d'une voiture.) Une voiture !.. serait-ce déjà le Prince?..

(Elle court à la glace et rajuste sa coiffure.)

UN DOMESTIQUE, entrant et annonçant.

Sir John Pilbury ! (Il sort.)

SCÈNE II.

LA COMTESSE, SIR JOHN PILBURY.

PILBURY.

Air : Accourez tous, venez m'entendre. (PHILTRE)

De vous revoir, chère comtesse,
   Combien mon cœur est enchanté !..
Aux doux instans de ma verte jeunesse
   Près de vous je suis transporté.
Je vous retrouve aussi fraîche, aussi belle,
   Qu'aux jours des premières amours ;
   Le temps qui vole à tire d'aile,
   Pour vous a ralenti son cours.
   De vous revoir, chère comtesse,
   Combien etc., etc. (Il lui baise la main

LA COMTESSE.

De revoir bientôt son altesse.
Combien mon cœur est enchanté : etc.

LA COMTESSE.

Eh bien! sir John Pilbury, vous arrivez seul?..

PILBURY.

Oh! une fantaisie de son altesse... monseigneur a quitté la voiture a deux mille de Richmond et a voulu continuer sa route à cheval... j'ai pris les devants pour causer un instant avec vous de nos projets.

LA COMTESSE, étonnée.

De nos projets ?

PILBURY.

Oui, Comtesse. (Examinant la toilette d'Arabella.) Je crois que je puis dire de nos projets...

LA COMTESSE.

Je ne comprends pas.

PILBURY.

Patience!.. je vais m'expliquer... il s'agit d'une affaire majeure; d'une œuvre de haute morale...

LA COMTESSE, riant.

Ah! mon Dieu! sir John... que peut-il y avoir de commun entre la morale et vous?

PILBURY.

Ah! que c'est méchant! vous croyez peut-être que je n'en ai pas de morale... j'en ai une... à moi... fort agréable... attaché à la personne du prince, je me suis fait une loi d'étudier ses goûts... de me mettre en quatre pour les prévenir... Dans son enfance, il aimait le jeu... j'ai joué avec lui au bilboquet, à la corde, au cheval fondu... en grandissant, il a montré du penchant pour les arts... je suis devenu artiste, poète, musicien... maintenant, il est probable que d'autres idées vont se faire jour dans sa tête... alors...

LA COMTESSE, riant.

J'entends... Le seigneur Pilbury, déjà secrétaire intime, maître des cérémonies, et directeur de la musique de son altesse, ne serait pas fâché d'agrandir encore le cercle de ses attributions.

PILBURY.

Moi... Eh! mon Dieu!.. Je veux être l'ami du prince, pas autre chose... (Examinant la comtesse.) Savez-vous, comtesse, que vous rajeunissez tous les jours!..

LA COMTESSE.

Flatteur!..

PILBURY.

Non... parole d'honneur... je suis sûr qu'en vous voyant, monseigneur en sera frappé... et cela lui fera plaisir, car il a vraiment beaucoup d'affection pour vous.

LA COMTESSE, minaudant.

Je l'ai vu si enfant!..

PILBURY.

Oui, je sais... je sais.,. il vous appelait sa petite maman... oh! il s'en souvient toujours... c'est un jeune homme plein de bons sentimens, et avouez que ce serait dommage qu'un si heureux naturel fût perverti.

LA COMTESSE.

Il est vrai qu'un prince, à son entrée dans le monde, est entouré de piéges.

PILBURY.

D'énormément de piéges!

Air : Soldat français.

L'adroit flatteur est là pour essayer
De captiver sa jeune confiance ;
L'ambitieux voudrait bien le premier,
Du noble enfant diriger la puissance...
Autour d'un prince adolescent,
L'intrigue s'agite et conspire...
Et pourtant, hélas! bien souvent,
C'est du premier pas d'un enfant
Que dépend le sort d'un empire !

LA COMTESSE.

Cela fait frémir!

PILBURY.

C'est à faire dresser les cheveux sur la tête!.. heureusement, le péril a cessé pour notre jeune prince... du moins, momentanément; il quitte l'air corrompu de la cour, et vient passer trois mois dans ce château où il doit

prendre le commandement du régiment royal Écossais, dont il est colonel:
par parenthèse, j'aimerai autant un autre régiment...

LA COMTESSE.

Pourquoi donc?

PILBURY.

Oh! pour raison à moi connue... cela se rapporte à une circonstance de
ma vie... Enfin, j'ai l'Écosse, les Écossais, voire même les Écossaises en
horreur!.. Pour en revenir à notre jeune prince, depuis quelques jours,
seulement, il a atteint sa majorité... son cœur est neuf et n'a pas encore
parlé... mais l'éducation sévère qu'il a reçue, la contrainte dont on l'entou-
rait, lui font goûter avec délices ses premiers instans de liberté... c'est
le jeune oiseau qui essaye ses ailes... il est encore temps de diriger son
essor... mais, plus tard, ma foi... ah! il est bien éveillé... sa tête travaille,
il a quinze ans...

LA COMTESSE.

Oui... l'instant est décisif!

PILBURY, regardant la comtesse.

N'est-ce pas, comtesse... au moins, si une personne sage, éclairée, ayant
l'expérience du monde, voulait se dévouer pour le préserver des piéges
tendus à sa jeunesse... la morale a tant de charmes dans la bouche d'une
femme... encore jeune et belle...

LA COMTESSE.

Certainement... mais, où rencontrer cette personne?

PILBURY, la regardant.

J'ai bon espoir... et je crois qu'elle est toute trouvée.

LA COMTESSE.

Vous pensez?..

PILBURY.

Oui, oui... maintenant, deux mots sur l'entourage du Prince... Primo,
lord Clarendon, premier aide-de-camp... général sexagénaire et goûteux,
mentor peu gênant, ne s'occupant que de son dîner et de sa bouteille de
clairet... nous ne l'aurons pas avant huit jours... il est encore au lit, de sa
dernière indigestion...Secundo, sir Georges Brummel, écuyer cavalcadour,
dandy renforcé... connaisseur expert en chevaux... boxeur de première
force... toujours courbé devant monseigneur... et bête à faire plaisir... le
reste ne vaut pas l'honneur d'être nommé. Ainsi, vous le voyez, nous avons
le champ libre...agissons de concert... confiance mutuelle, bien entière...
surveillance active...persévérance et tout ira bien... ratifiez-vous le traité?

LA COMTESSE.

En vérité, je ne sais...   (On entend battre aux champs.)

PILBURY.

Voici le Prince... allons, allons, milady, du courage... on se doit à son
pays...

Air de la Semaine des Amours.

A nous deux,
En ces lieux,
De son altesse
Éclairons la jeunesse.
A nous deux
En ces lieux,
Pour son bonheur
Dirigeons monseigneur.
Comtesse, il vous rendra les armes,
Pour vous quel triomphe éclatant!

LA COMTESSE.

Pour mon cœur aussi que d'alarmes!

PILBURY.

Allons, un peu de dévoûment!

TOUS DEUX.

A nous deux, etc.

(On entend crier au dehors : VIVE MONSEIGNEUR!

SCÈNE III.

Les Mêmes, LE PRINCE, en costume de voyage élégant, puis SIR GEORGES.

LE PRINCE, à la cantonade.

Merci, mes bons amis, je suis bien sensible à votre accueil... (Reconnaissant la Comtesse.) Lady Wilford!..   (Il court à elle vivement.)

LA COMTESSE, lui faisant une révérence cérémonieuse.

Monseigneur...

LE PRINCE.

Ah! mon Dieu! n'allez-vous pas faire des cérémonies avec moi... vous qui m'avez vu si enfant!... j'ai tant de plaisir à vous revoir, et à ne plus me trouver sous la férule de mes précepteurs.

AIR de Doche fils.

Quels transports!.. quel délire!..
Londres, je t'ai quitté...
En ces lieux, je respire
L'air de la liberté!
Gouverneur trop sévère,
Quand tu me tourmentais,
Pour braver ta colère;
Tout bas je me disais:
    Du courage, (bis)
Bientôt, enfin, j'aurai quinze ans.
    Du courage,
    A ce bel âge
Je pourrai prendre du bon temps!

TOUS.

    Du courage, (bis)
Enfin, enfin, il a quinze ans.
    Du courage,
    A ce bel âge
Il pourra prendre du bon temps!

LE PRINCE.

Souvent sur mon passage
J'ai vu des malheureux,
Mon brillant entourage
Toujours m'éloignait d'eux.
Lorsque de leur souffrance
En vain je gémissais,
Pour prendre patience,
Tout bas je répétais:
    Du courage, (bis.
Bientôt, enfin, j'aurai quinze ans,
    Du courage;
    A ce bel âge
Je pourrai prendre du bon temps.

TOUS.

    Du courage, (bis.)
Enfin, enfin, il a quinze ans.
    Du courage,
    A ce bel âge
Il pourra prendre du bon temps.

LA COMTESSE, bas à Pilbury et en montrant sir Georges qui entre en boitant.

Quelle est cette caricature?

LE PRINCE.

C'est la tournure de sir Georges qui vous frappe, je gage... Oh! c'est un élégant, il porte un corset, et défierait tous les cochers de Londres, pour conduire un équipage!.. Allons, sir Georges, saluez milady.

SIR GEORGES.

Oui, monseigneur...   (Il s'avance et salue la comtesse très profondément.)

LA COMTESSE, s'apercevant qu'il boite.

Mais, il me semble que monsieur est blessé...

LE PRINCE.

Oh! ce n'est rien... tout-à-l'heure, en franchissant une barrière, sir

Georges a oublié de suivre son cheval... il est resté dans le fossé, où il faisait la plus drôle de figure... N'est-ce pas?

SIR GEORGES, saluant.

Oui, monseigneur.

PILBURY, bas à la comtesse.

Heim!.. est-il bête?..

LE PRINCE, à Pilbury.

Sir John, vous allez écrire à Londres, pour annoncer notre arrivée... vous donnerez aussi des ordres pour qu'on prépare mon uniforme... qu'il soit déballé avec les plus grandes précautions... Brummel, veillez à ce que rien n'y manque, vous vous entendez à cela.

SIR GEORGES, saluant.

Oui, monseigneur.

PILBURY.

Monseigneur n'a plus rien à m'ordonner?

LE PRINCE.

Non!.. On me préviendra seulement quand le régiment sera sous les armes.

SIR GEORGES, saluant.

Oui, monseigneur.

TOUS, Reprise du chœur
Du courage
Enfin, enfin, il a quinze ans, etc.

Pilbury échange un regard avec la comtesse et sort suivi de sir Georges.

SCÈNE IV.

LE PRINCE, LA COMTESSE.

LE PRINCE.

Eh! bien, Comtesse, qu'en dites-vous?.. n'ai-je pas déjà l'habitude du commandement?.. la parole brève, le geste impératif!.. ah! il faut être ainsi avec ces messieurs... sans cela, ils diraient qu'on n'a pas de dignité... qu'on ne sait pas tenir son rang...et, à vous parler franchement, ce n'est pas ce qui me plaît le plus...j'aimerais tant à vivre avec tout le monde, sans façon, sans étiquette, comme autrefois... vous en souvenez-vous, Comtesse, quand vous m'appeliez Edouard, tout bonnement?

LA COMTESSE.

Vous revoyez donc avec plaisir le château de Richmond?

LE PRINCE.

Pouvez-vous me le demander... j'ai passé dans ce château des années si heureuses... tandis qu'à Londres...

LA COMTESSE.

A Londres!.. vous étiez à la cour...

LE PRINCE.

Ah! j'y menais une triste vie.. il y a trois jours encore, avant d'avoir atteint cette majorité, objet de tous mes vœux, n'étais-je pas traité comme un pauvre esclave?.. gouverneur, sous gouverneur... pédant ennuyeux... c'était à qui me tyranniserait... « L'étude, monseigneur, l'étude! » ils n'avaient que ce mot à la bouche... et quand, le soir, on m'accordait un peu de répit, c'était pour me conduire à ce qu'ils appelaient la promenade... joli plaisir... mesurer mes pas, sur la démarche grave et lente de mon vieux gouverneur... sourire éternellement... saluer du geste les passans qui me regardaient comme une curiosité... et les grands jours, donc!..c'était bien pis!..il me fallait recevoir en cérémonie de nobles personnages, implorant la faveur de faire la cour à mon Altesse... je ne pouvais dire un mot, faire un geste, qui n'eût été réglé d'avance par le maître des cérémonies... c'était à mourir d'ennui... et je ne voudrais pas pour beaucoup recommencer ces tristes années d'apprentissage de prince!..

LA COMTESSE.

Mais aussi, monseigneur, vous voilà libre, maintenant.

LE PRINCE, avec feu.

Oh! oui, libre... que j'aime à me l'entendre dire... je ne suis plus un écolier, je suis prince... colonel d'un beau régiment... et je veux m'amuser tout à mon aise.

Air de Fabry-Garat.

Déjà
Je sens là
Un désir
De plaisir
Et je veux
De ces lieux
Que l'ennui
Soit banni.
Jamais,
Désormais,
De pédans
Obsédans :
Je les fuis
Et j'en suis
Satisfait ;
C'en est fait...
Chasseur,
Plein d'ardeur,
Il me faut
Au plutôt
Les chevaux
Les plus beaux
Des piqueurs,
Des coureurs.
Le cor
Doit encor
Retentir,
Faire fuir,
Effrayer
Le gibier
Aux abois
Dans les bois...

Déjà
Je sens là   etc.

Mais, à ma jeunesse,
Ces jeux, cette ivresse
Je le sens, hélas !
Ne suffisent pas !
Souvent,
En rêvant,
Indécis,
Je me dis !
N'est-il pas
Ici bas
Un bonheur
Plus flatteur ...

Déjà
Je sens là   etc.

LA COMTESSE, à part.

Quelle petite tête !

LE PRINCE.

A propos, comtesse, en entrant dans ce château, j'ai retouvé bien peu
de figures de connaissance... les femmes surtout, sont d'une laideur !

LA COMTESSE.

Comment, monseigneur, vous avez remarqué...

LE PRINCE.

Oui, oui, j'ai remarqué une collection de vieilles femmes... je ne peux
pas souffrir les vieilles, moi... mais tout cela va changer... j'aime à me
voir entouré de figures humaines, de visages gracieux... c'est si gentil,
une jolie femme !

LA COMTESSE.
Vous êtes galant, monseigneur.

LE PRINCE.
Oh! mon Dieu, non!.. et c'est ce qui me fâche... car, à mon âge, je devrais l'être... mais on m'a élevé si ridiculement : aussi, je me promets bien de consulter les officiers de mon régiment sur une foule de choses...

LA COMTESSE.
Ah! monseigneur, y pensez-vous?.. cela ne serait pas convenable... quels conseils pourriez-vous attendre de ces jeunes étourdis?..

LE PRINCE.
Au fait, ils se moqueraient peut-être de mon ignorance... mais comment faire?.. enfin, ce soir, je donne un bal... il faudra que j'en fasse les honneurs... Eh bien, je serai au supplice... s'il faut parler à une femme, je deviendrai rouge, je balbutierai... je ferai rire à mes dépens... et c'est très désagréable, pour un prince surtout.

LA COMTESSE.
Allons, monseigneur, vous avez tort de vous défier ainsi de vous-même, votre rôle est si facile.. continuez à être simple, naturel, soyez ce que vous êtes, enfin... et croyez bien que cette timidité, que vous appelez de la gaucherie, est un défaut dont les femmes ne vous sauront pas mauvais gré.

LE PRINCE.
Bien vrai!.. ah! comtesse, vous me ravissez! moi qui me décourageais déjà!.. tenez, désormais, je veux toujours m'en rapporter à vous... et, quand je serai embarrassé, je viendrai vous demander vos conseils... vous ne me les refuserez pas?

LA COMTESSE.
Ne suis-je pas votre amie?

LE PRINCE.
Que vous êtes bonne! tout ce que je vous demande, c'est de me donner de l'aplomb, de l'assurance; enfin, tout ce qu'un jeune homme doit avoir.

Air du Piége.

Naguère encor, me disaient mes régens,
Pleins des hauts faits, et d'Athène et de Rome.
Grace à nos soins intelligens,
De vous, nous saurons faire un homme :
Un homme !.. ont-ils donc réussi?..
Vous ne le pensez pas, je gage,
Mais j'ai l'espoir qu'enfin, ici,
Vous achèverez leur ouvrage.

SCÈNE V.
LES MÊMES, SIR GEORGES.

SIR GEORGES, entrant.
Monseigneur, le régiment est sous les armes, dans la cour d'honneur...

LE PRINCE, à la comtesse.
Ah! il faut que je vous quitte; mais je vous reverrai avant le bal, j'y tiens beaucoup... je veux absolument que vous me donniez une leçon de grace... à tantôt, n'est-ce pas?.. ah! que je suis content... riez donc, sir Georges... riez donc!

SIR GEORGES, riant.
Eh! eh! eh!.. oui, monseigneur.   (Le prince sort, sir Georges le suit.)

LA COMTESSE, seule.
Pauvre enfant!.. son embarras est charmant... comment ne pas s'intéresser à lui.

SCÈNE VI.
LA COMTESSE, PILBURY.

LA COMTESSE.
Ah! Pilbury... c'est vous... arrivez donc! j'ai de bonnes nouvelles... mais bon Dieu! quelle pâleur!

PILBURY.

Maudit régiment! maudit Ecossais!

LA COMTESSE.

Que vous est-il arrivé?

PILBURY.

Eh! je viens de rencontrer un de mes beaux-frères... un frère de ma femme.

LA COMTESSE.

Comment! vous êtes marié? je vous croyais garçon.

PILBURY.

Ah! c'est vrai... vous ignorez mon malheur, il faut que je vous conte cela, c'est l'origine de ma haine pour les Ecossais... je vous en parlais ce matin. Figurez-vous qu'il y a deux mois, environ, j'étais allé faire un voyage d'agrément dans cette odieuse Ecosse, pour étudier la nature... j'aime beaucoup la nature, et c'est ce qui me porta malheur; car un beau jour, je me vis traduit chez le schériff du canton, pour conversation criminelle, avec une jeune fermière que je rencontrais quelquefois, par hasard, dans la montagne; jolie, par exemple! des yeux bleus, longs comme ca; il n'y avait pas de preuves et je gagnai mon procès! c'est bien, c'est très bien! me voilà acquitté; mais la jeune fille avait des frères, elle en avait sept, les plus adroits chasseurs du pays, des gaillards, mettant une balle à trois cents pas dans un dollar; ils tinrent conseil, et il fut décidé à l'unanimité, que, pour réparer l'atteinte portée à la réputataion de leur sœur, je l'épouserais, ou que ma tête deviendrait le point de mire de ces messieurs... il fallait opter; d'un côté ceci, (Il fait le geste de mettre en joue.) de l'autre, les grands yeux bleus, mon amour pour la belle nature... que vous dirais-je, comtesse?.. j'épousai.

LA COMTESSE.

Une fermière... ah!

PILBURY.

Je sais bien... c'est une mésalliance! une horrible mésalliance! et lorsque la réflexion me revint, je frémis à l'idée de présenter ma petite montagnarde à la cour, où mon service me rappelait; enfin, un matin, pendant que mes sept beaux-frères étaient à la chasse...

Air : Vaud. de la Petite prude.

A mon réveil adroitement,
Je rassemblai tout mon bagage,
Puis, pour Londres, bien doucement,
Soudain, je me mis en voyage...
J'étais parti comme le vent,
Et dans le trouble de mon ame,
Je m'aperçus, en arrivant,
Que j'avais oublié ma femme !

LA COMTESSE.

Abandonner sa femme! mais, c'est affreux!

PILBURY.

A qui le dites-vous!.. car enfin, je l'aime, cette pauvre petite femme, et souvent j'ai des remords... tenez, aujourd'hui surtout, je voudrais ne l'avoir jamais quittée... tout à l'heure, quand le régiment de son altesse est entré dans la cour, j'ai parfaitement reconnu au premier rang, l'aîné de mes beaux-frères... le plus féroce! un vrai Rob-Roy!

LA COMTESSE.

Eh bien? que pouvez-vous craindre ici?

PILBURY.

Tout, comtesse, tout! s'il me rencontre, je suis un homme perdu! jugez donc... à trois cents pas... dans un dollar...

LA COMTESSE.

Je ne vois qu'un moyen de vous tirer d'embarras, mon pauvre sir John. c'est de reprendre votre femme!

PILBURY.

Vous croyez... mais je serai la risée de toute la cour, une paysanne gentille, à la vérité, mais sans grâce, sans esprit, sans manières... maudit voyage! je vous demande un peu ce que j'allais faire en Écosse. Le prince! gardez-moi le secret, comtesse.

SCÈNE VII.

LES MÊMES, **LE PRINCE**, en uniforme de colonel écossais; puis SIR GEORGES.

LE PRINCE.

Le beau régiment! les braves soldats! je les aurais volontiers embrassés tous... mais, c'eût été un peu long... ils sont trois mille... Ah! comtesse, si vous les aviez vus... comme ils m'ont accueilli... quel enthousiasme! j'en pleurais de joie.

Air de Blangini.

Vive l'état militaire,
Je le sens, j'aime la guerre,
Ah! quel plaisir, quel bonheur
De se battre avec ardeur!

Je voudrais déjà dans la plaine,
Au bruit éclatant des clairons,
Vers l'ennemi, tout d'une haleine,
Guider mes braves bataillons!
Oui, bientôt, nous aurions, sans peine,
Enlevé redoute et canons!

Oh! d'abord, comme colonel, je serai toujours au premier rang... En avant, au galop!

Vive l'état militaire,
Je le sens, j'aime la guerre,
Ah! quel plaisir, quel bonheur
De se battre avec ardeur!

Et puis, après une victoire,
Quel beau triomphe nous attend:
Des vivat! et des cris de gloire!..
Ah! mes amis, c'est enivrant!

Quand nous rentrons dans la ville, les fenêtres s'ouvrent, les mouchoirs s'agitent... on n'a des yeux que pour nous...

Vive l'état militaire,
Je le sens, j'aime la guerre,
Ah! quel plaisir, quel bonheur
De se battre avec ardeur!

LA COMTESSE, à sir Georges qui entre chargé de pétitions.

Ah! mon Dieu! sir Brummel, pour qui toutes ces lettres?

LE PRINCE.

Pour moi, comtesse! ce sont des placets, des pétitions; j'avais chargé sir Georges de les recevoir; mais il n'a pu y suffire, à l'avenir, je lui adjoindrai un fourgon.

PILBURY.

Si monseigneur m'en croit... nous enverrons bien vite à Londres toutes ces paperasses.

LE PRINCE.

Non pas! vous êtes mon secrétaire, et j'entends que vous les lisiez toutes, je ne m'en réserve qu'une seule, qui m'a été remise à moi-même.

LA COMTESSE.

Sans doute, par quelque vieux soldat?

LE PRINCE.

Oui, oui... précisément... un vieux soldat! (A part.) La plus jolie fille!.. (Haut.) Ah! milady, j'ai engagé à dîner les officiers de mon régiment, veuillez bien donner vos ordres, un repas splendide! pardonnez-moi de vous causer tant d'embarras; mais je suis encore si novice. (A mi-voix.) Nous reprendrons bientôt notre conversation de ce matin, n'est-ce pas?

LA COMTESSE.

Monseigneur, je suis à vos ordres...

LE PRINCE, bas.

A mes ordres... ah! comtesse!.. songez donc que vous êtes le maître, et moi l'écolier. (Haut.) Allons, sir John! examinez ces demandes avec la plus grande attention, vous m'en rendrez compte avant dîner.

BRUMMEL et PILBURY, avec effroi.

Avant dîner!

LE PRINCE.

Brummel vous aidera.

SIR GEORGES, à part.

C'est récréatif!

LE PRINCE.

Plait-il?

SIR GEORGES, s'inclinant.

Oui, Monseigneur.

PILBURY, à part.

Décidément, Il faut que je m'entende avec le major du régiment, pour qu'il mette mon beau-frère aux arrêts...

LE PRINCE.

AIR: Vive à jamais la garde citoyenne. (DOCHE.)

Pour le repas, allons, que tout s'apprête,
Mes officiers seront tous mes amis.
J'espère bien ici leur tenir tête...
Et jusqu'au jour, nous serons réunis.
Qu'on distribue aussi du vin de France
A mes soldats, en ce jour solennel,
C'est bien le cas de rompre l'abstinence,
Quand on reçoit son nouveau colonel.

SIR GEORGES et PILBURY.

Pour le repas, allons! que tout s'apprête,
Et recevons dignement vos amis, etc.

LA COMTESSE.

Pour le repas, allons, que tout s'apprête,
Vos officiers seront tous vos amis,
Quoi, vous daignez, ici, leur tenir tête,
Et jusqu'au jour vous serez réunis.

ENSEMBLE.

LE PRINCE.

Pour le repas, allons, que tout s'apprête,
Mes officiers, etc.

(La comtesse, Pilbury et sir Georges sortent.)

SCÈNE VIII.

LE PRINCE, seul.

Cette bonne comtesse... c'est une excellente amie que j'ai là... elle est encore très bien... mais je ne pense plus qu'à cette jolie fille qui m'a remis ce placet. Voyons donc ce qu'elle demande... (Lisant.) « Monseigneur! c'est » une pauvre femme abandonnée par son mari... » (S'interrompant.) Elle est mariée!.. ah! quel dommage! (Lisant.) « Qui vient implorer votre justice, » contre l'ingrat qui la délaisse... je suis venue de bien loin pour obtenir » une audience et vous faire connaître le nom du coupable, qui est attaché » à votre personne. » (Parlant.) Oui, certes, je la recevrai, et justice lui sera rendue... voyons l'adresse... (Lisant.) « J'attends la réponse de monseigneur » à la porte du château. » Ah! pauvre enfant!..   (Il sonne.)

SCÈNE IX.

LE PRINCE, SIR GEORGES.

LE PRINCE.

Une jeune femme qui a demandé une audience, attend une réponse en bas... faites-la venir ici.

SIR GEORGES, étonné.

Une jeune femme!.. une jeune femme!

LE PRINCE.

Eh! bien... ça vous étonne... vous la conduirez par les petits escaliers.

SIR GEORGES, de même.

Par les petits escaliers!

LE PRINCE.

Oui, je désire que personne ne puisse la voir.

SIR GEORGES, hésitant.

Mais, monseigneur...

LE PRINCE.

Allez!..

SIR GEORGES, saluant.

Oui, monseigneur. (A part.) Une jeune femme!..les petits escaliers! (Il sort.)

SCÈNE X.

LE PRINCE, seul.

Quelle indignité!.. abandonner une aussi jolie personne... il me tarde de savoir quel est celui de mes gens... ah! je promets bien de la venger par exemple... Eh! bien, ça me fait un drôle d'effet de penser que je vais me trouver seul avec elle... cependant, pour la première audience que je donne, tâchons de bien nous en tirer.

SCÈNE XI.

LE PRINCE. SIR GEORGES, LUCY, elle a le costume écossais, le plaid et un petit chapeau de paille avec un grand voile vert.

LE PRINCE, à part.

AIR d'Emmeline.

La voilà, (BIS.)
Mon cœur bat déjà!

LUCY, à part.

Le voilà, (BIS.)
Mon cœur bat déjà!

SIR GEORGES, à part

La voilà, (BIS.)
Dois-je rester là!..

ENSEMBLE.

LE PRINCE.

Sir Georges, je n'y suis pour personne.   (Il lui fait signe de sortir.)

SIR GEORGES, saluant.

Oui, monseigneur.   (Il sort.)

SCÈNE XII.

LE PRINCE, LUCY.

LE PRINCE, à part.

Tiens!.. on dirait que j'ai peur... ah! bah! une petite villageoise... (Haut.) Approchez, mon enfant.

LUCY, avec timidité.

Me voici, monseigneur.

LE PRINCE, à part.

C'est qu'elle me paraît encore mieux que ce matin... (Haut.) Je vous disais donc, mon enfant... (A part.) Dieu! les beaux yeux!

LUCY.

Plaît-il, monseigneur?

LE PRINCE.

Hein!.. (Moment de silence et d'embarras.) Il faisait bien de la poussière à la revue...

LUCY.

C'est vrai, monseigneur.

LE PRINCE, à part.

Je ne croyais pas que ce fut si difficile à donner une audience... Ah! voyons donc... il s'agit de ne pas avoir l'air d'un écolier... hum! hum!.. (Il prend un air important et s'assied dans un fauteuil. — Haut.) Comment vous appelez-vous?

LUCY.

Lucy, monseigneur.

LE PRINCE.

Il est gentil ce nom-là... Vous n'êtes pas de ce pays?

LUCY.

Non, monseigneur; je suis du comté de Perth, en Ecosse.

LE PRINCE.

Et vous êtes venue seule... de si loin?..

LUCY.

Oh! non, monseigneur... je suis venue avec mon frère Ronald, qui est sergent dans votre régiment.

LE PRINCE.

Dans mon régiment... cela vous donne de nouveaux droits à ma protection... j'ai lu votre placet... votre position m'intéresse... je désire vous être utile... mais il faut pour cela que je connaisse le nom du coupable... parlez, comment se nomme votre mari?

LUCY.

Pilbury, monseigneur.

LE PRINCE.

Pilbury!.. mon secrétaire... c'est impossible!.. depuis quand êtes-vous mariée?

LUCY.

Depuis deux mois, monseigneur.

LE PRINCE.

En effet... je me rappelle... à cette époque, il fit un voyage en Ecosse... oh! le fourbe!.. et vous êtes bien sûre d'être mariée?

LUCY, baissant les yeux.

Dam! monseigneur, je crois que oui.

Air de Doche.

Écoutez ma prière,
Et soyez mon vengeur,
Monseigneur!
Par un arrêt sévère,
Ah! rendez à mon cœur
Un trompeur!
Pour moi, le mariage
Est un cruel tourment;
Oui, vraiment!
Mieux vaudrait le veuvage;
Je r'prendrais un mari
Bien genti.

LE PRINCE.

Mais, pourquoi cet abandon?

LUCY.

Dam! monseigneur, quoiqu'il ne me l'ait jamais dit...je crois bien que j'en ai deviné le motif... avec ma tournure simple, mes manière gauches... M. Pilbury aura craint, en m'avouant pour sa femme... d'avoir à rougir de moi.

LE PRINCE.

Comment!.. c'est par fierté!.. le sot!.. mais c'est que vous êtes charmante!.. il n'y a pas à la cour une femme qui vous vaille... c'est ça qu'elles sont jolies nos grandes dames... quand elle n'ont pas leur rouge, leur blanc, leurs diamans, leurs plumes... (S'animant.) Vous, vous n'avez pas besoin de tout cela... ce teint si frais, cette taille si fine, cette main si blanche...

(Il lui prend la main.)

LUCY, la retirant.

Monseigneur, je suis venue pour vous prier de me rendre mon mari.

LE PRINCE.

Tiens!.. c'est vrai... je n'y pensais plus au mari... soyez tranquille... vous êtes sous ma protection...et je vais le faire venir ici...le traiter de la bonne manière... ah! il rougit de vous... (Il va pour sonner et s'arrête.) Mais non... la leçon ne serait pas assez forte... je veux le confondre publiquement... justement je donne un bal, ce soir... c'est devant toute ma société qu'il vous reconnaîtra pour sa femme...je vais y réfléchir..(A part.) Il faut absolument que je consulte la comtesse...

(En ce moment, Pilbury paraît à la porte à droite et fait un geste de surprise.)

PILBURY, à part.

Une femme !

LE PRINCE.

En attendant, entrez là... (Il désigne la porte à gauche.) Et surtout, ne vous montrez à personne.

PILBURY, avec joie et à part.

C'est charmant !.. (Il se retire et fait du bruit à la porte pour annoncer sa présence.)

LE PRINCE.

Air : De la Contrleettre.

Ici, quelqu'un s'avance,
Surtout de la prudence,
Ayez bonne espérance,
Car je suis votre ami,

Comptez sur moi ma belle ;
Oui je veux par mon zèle,
D'un époux infidèle,
Vous venger aujourd'hui.

Ici, quelqu'un s'avance, etc.

LUCY.

ENSEMBLE.

Ici quelqu'un s'avance,
Surtout, de la prudence,
Oui, j'ai bonne espérance.
Le Prince est mon ami.

(Le Prince fait entrer Lucy dans la chambre à gauche et sort par le fond.)

SCÈNE XIII.

PILBURY, entrant doucement par la droite en riant aux éclats.

Ah!ah!ah!..C'est ravissant !.. c'est délicieux ! le Prince s'est émancipé... Il n'a pas perdu de temps... ô nature ! nature ! voilà de tes traits !.. et moi, qui me donnais un mal... et cette pauvre comtesse... tout à l'heure, elle me disait encore: tout va bien... tout va bien !.. c'est étonnant comme ça va bien pour elle... Ah! ça, ne perdons pas de temps... le hasard m'a rendu possesseur du secret du Prince... sachons en profiter...(Montrant la chambre à gauche..) La favorite est là... il n'y a pas à se tromper... c'est la favorite... si je pouvais la voir...lui parler... m'emparer le premier de sa confiance... ça n'est pas impossible... je viens de faire consigner mon beau-frère... je me sens en verve... ma foi, essayons...   (Il va frapper à la porte à gauche.)

SCÈNE XIV.

PILBURY, LUCY; elle sort pendant que Pilbury fait le tour de la chambre pour s'assurer qu'il est seul. Il ne voit pas Lucy.

LUCY, l'apercevant.

Mon mari!.. ah! mon Dieu!.. et le Prince qui n'est pas là !

(Elle baisse vivement son voile.)

PILBURY, à part, voyant Lucy.

Nous sommes seuls... (L'examinant.) Elle est étrangère... ou bien, c'est peut-être un déguisement... (Il s'avance en cherchant à voir la figure de Lucy.) Madame, vous me trouverez sans doute bien indiscret... mais je n'ai pu résister au désir d'être le premier à vous présenter mes hommages.

LUCY, à part et avec joie.

Il ne me reconnaît pas!

PILBURY, à part, cherchant à voir.

Diable de voile!.. la tournure est distinguée... (Haut.) Oserai-je vous demander, madame, s'il y a long-temps que vous connaissez son altesse.

LUCY, déguisant sa voix.

Je l'ai vu aujourd'hui, pour la première fois.

PILBURY, à part.

Oh! comme c'est heureux! (Haut.) C'est un charmant prince, un peu timide.

LUCY.

Mais non... pas trop...

PILBURY, à part.

Il n'a pas été timide. (Haut.) Il vous a dit, sans doute, qu'il vous trouvait jolie?..

LUCY.

Mais, oui.

PILBURY, à part.

Voyez-vous, le gaillard! (Haut.) Il vous a dit qu'il vous protégerait?

LUCY.

Certainement.

PILBURY, à part.

C'est bien ça!.. (Haut.) Et peut-être a-t-il voulu prendre cette petite main?..

LUCY.

Ah! mais, je l'ai retirée bien vite.

PILBURY, à part.

Aie! aie! c'est quelque petite bourgeoise! (Haut) Vous avez eu tort, mon enfant.

LUCY.

Comment? il fallait...

PILBURY.

Mais, où est le mal? écoutez, je vais vous parler comme un ami, comme un père.

LUCY, à part.

Où veut-il en venir?

PILBURY.

Vous êtes ici sur un terrain bien glissant.

LUCY, regardant autour d'elle.

C'est vrai; j'ai manqué de tomber en entrant.

PILBURY, à part, riant.

Ah! ah! ah!.. Oh! qu'elle est naïve! j'en ferai tout ce que je voudrai... (Haut et d'un ton doctoral.) Voyez-vous, ma chère enfant, un prince, c'est un être à part, à qui l'on doit des égards, de l'obéissance; et puis, les positions ne sont pas toujours les mêmes... ce qui est blâmable dans certaine circonstance, devient méritoire dans telle autre... parce que, enfin, il arrive quelquefois que... alors... il est évident... vous me comprenez?

LUCY.

Du tout.

PILBURY.

C'est égal... parlez-moi franchement... aimez-vous le prince?

LUCY.

Mais, monsieur...

PILBURY.

Aimez-vous le prince?

LUCY, à part.

Ah! mon Dieu! est-ce qu'il croirait? (Haut.) Non, monsieur, je ne l'aime pas.

PILBURY.

Vous n'aimez pas le prince... et c'est à moi que vous le dites... vous devez l'aimer, l'adorer, l'idolâtrer... il me semble qu'il en vaut bien la peine. (Très haut.) Un prince aussi aimable... aussi remarquable... un aussi bon prince! (A part.) S'il pouvait m'entendre.

LUCY, à part, très étonnée.

Ah! je n'en reviens pas.

PILBURY.

Voyez-vous, ma chère enfant, il est bien jeune, cet excellent prince...
il a besoin d'indulgence... d'encouragement... Ah! ça, j'espère qu'une fois
au faîte des grandeurs où vous allez arriver, vous n'oublierez pas que vous
avez en moi, un serviteur fidèle et dévoué ; car j'ai bien des graces à sol-
liciter ; d'abord, un poste plus brillant que celui que j'occupe ; ensuite, la
rupture d'un mariage...

LUCY.

Comment, vous voulez rompre votre mariage ?

PILBURY.

Oui, oui, oui... un mariage forcé... je vous conterai cela... ça vous fera
frémir !

LUCY, à part.

Ah! mais, c'est un monstre que mon mari !

PILBURY, à part.

Je suis au mieux avec elle... (Haut.) A propos, j'oubliais... êtes-vous
mariée ?

LUCY, avec une colère concentrée.

Oui, monsieur.

PILBURY, riant, à part.

Eh! eh! eh!.. c'est bien plus drôle ! Elle a un mari ! en vérité, ces ani-
maux-là sont faits pour être trompés !

LUCY, à part.

Ah! sortons! car je ne pourrais me contenir... (Elle rentre vivement à gauche.)

SCÈNE XV.

PILBURY, seul.

Eh bien! elle me quitte... elle s'éloigne... Ah! je vois ce que c'est... elle
aura craint de trahir son incognito. C'est égal, elle est enchantée de moi...
ah! ce choix-là va faire crier... nos duchesses diront qu'on leur a fait un
passe-droit... je ris, surtout, quand je pense à la figure que fera cette
bonne comtesse, en apprenant... Dieu! la voilà! oh! quelle toilette !

SCÈNE XVI.

PILBURY, LA COMTESSE, en grande parure.

LA COMTESSE.

Eh bien! mon cher Pilbury, savez-vous où est le prince ?

PILBURY.

Ah! comtesse! est-ce à vous de me le demander... en vérité, vous êtes
éblouisssante... vous ne voulez donc pas que le pauvre enfant en réchappe ?

LA COMTESSE, minaudant.

Cela vous fâche ?

PILBURY.

Moi, votre partisan le plus dévoué, personne ne forme des vœux plus
ardens que les miens... pour votre élévation... (A part, riant.) Son élévation!..

LA COMTESSE.

Je vous le rends bien.

PILBURY, à part.

Décidément, cette femme-là ne convient pas à monseigneur. (Il va pour
sortir.) Comtesse, permettez...

LA COMTESSE.

Comment, vous me quittez?..

PILBURY.

Je vous demande pardon... mille détails à soigner pour la fête de ce soir,
des bouquets... une sérénade que l'on va donner à monseigneur, et que je
dois diriger... que sais-je... j'en perds la tête... au revoir, milady. (A part,
regardant la porte à gauche.) Pauvre comtesse !   (Il sort.)

SCÈNE XVII.

LA COMTESSE, puis LE PRINCE.

LA COMTESSE, seule.

Ce bon Pilbury, il m'est bien attaché... je ferai quelque chose pour lui.

LE PRINCE, entrant.

Ah! milady, je vous cherchais... il faut que je cause avec vous... j'ai le plus grand besoin de vos conseils.

LA COMTESSE.

Comme votre altesse paraît agitée!

LE PRINCE.

Oh! c'est que, depuis ce matin, j'ai fait une foule de réflexions, et je me trouve dans une position fort embarrassante... comme vous avez de l'expérience... car vous en avez, n'est-ce pas?.. vous allez m'aider de vos avis.

LA COMTESSE.

Parlez, monseigneur, parlez!

LE PRINCE.

Ah! ça, vous ne vous fâcherez pas?

LA COMTESSE.

Pouvez-vous le craindre?

LE PRINCE.

C'est que c'est peut-être bien hardi, ce que je vais vous demander... voici le fait... supposons un jeune homme de mon âge... qui se trouve dans un château, presque seul... avec une femme charmante, qui lui plaît... oh! il en perd la tête!

LA COMTESSE.

Je ne vois pas de mal à cela...

LE PRINCE.

N'est-ce pas qu'il n'y a pas de mal à cela... ce pauvre jeune homme a reçu une brillante éducation... il sait le grec, le latin, les mathématiques... des choses superbes enfin... mais il ignore l'essentiel... il ne sait pas comment il faut s'y prendre pour dire à une femme... que... enfin... vous suivez, n'est-ce pas?

LA COMTESSE.

Oui, monseigneur... avec beaucoup d'intérêt.

LE PRINCE.

Alors, vous comprenez son embarras à ce pauvre garçon... Elle est si bien cette femme dont je veux vous parler...   (Il regarde la porte à gauche.)

LA COMTESSE, avec modestie.

Ah! monseigneur...

LE PRINCE, même jeu.

Elle a de si jolis yeux!

LA COMTESSE.

Vous la flattez, monseigneur.

LE PRINCE.

Je vous assure que non, comtesse... est-ce que je sais flatter?

RÉCITATIF.

Mais, pour lui plaire,
Que faut-il faire?
Je n'en sais rien.

LA COMTESSE.

Ecoutez bien!

Air du Dieu et la Bayadère

A la femme qu'on aime,

LE PRINCE.

A la femme qu'on aime,

LA COMTESSE.

On dit bien tendrement :

LE PRINCE.
On dit bien tendrement !
LA COMTESSE.
Mon amour est extrême,
LE PRINCE.
Mon amour est extrême,
LA COMTESSE,
J'en fais le doux serment !
LE PRINCE.
J'en fais le doux serment !

(Le Prince a toujours les yeux tournés vers la porte de la chambre où est Lucy.)

ENSEMBLE.

C'est charmant ! c'est facile !
De cette leçon-là,
Votre élève docile,
Bientôt profitera.

LA COMTESSE, à part.
C'est charmant ! c'est facile !
Pourtant, je le vois là,
L'élève est peu docile,
Mais il profitera.

LE PRINCE.
Après, après, comtesse?
LA COMTESSE.
Redoublant de tendresse,
Alors, il faut oser...
LE PRINCE.
Alors, il faut oser...
LA COMTESSE.
Dans un moment d'ivressse,
LE PRINCE.
Dans un moment d'ivresse,
LA COMTESSE.
Ravir un doux baiser.
LE PRINCE, avec joie.
Ravir un doux baiser.

(La Comtesse se rapproche du Prince qui regarde toujours du côté de la chambre où est Lucy.)

ENSEMBLE.
C'est charmant ! c'est facile !... etc.

LE PRINCE.
Mais, comtesse... la leçon n'est pas finie... après?.. après?.. après?..

SCÈNE XVIII.

LES MÊMES, SIR GEORGES.

SIR GEORGES.
Monseigneur, je viens vous dire...
LE PRINCE.
Allez au diable !
SIR GEORGES, saluant.
Oui, monseigneur.
LE PRINCE.
Voyons, que me voulez-vous?
SIR GEORGES.
Les officiers du régiment de son altesse viennent d'arriver...
LE PRINCE.
Ah ! comtesse... veuillez bien les recevoir.
LA COMTESSE.
Comment, monseigneur, vous ne venez pas?..
LE PRINCE.
Je vous suis... je voudrais être seul un instant, pour réfléchir... Brummel, offrez la main à milady.

SIR GEORGES.

Oui, monseigneur.

LE PRINCE.

Je vous rejoins, comtesse.

(Brummel offre la main à la comtesse qui la prend en faisant un geste de colère. Ils sortent tous deux par le fond.)

SCÈNE XIX.

LE PRINCE, puis LUCY.

LE PRINCE, allant ouvrir la porte de gauche.

Air . Vaudeville de la Haine d'une femme.

Venez, venez, je vous en prie...
Ma chère Lucy!.. c'est bien moi!..
Que de charmes !, qu'elle est jolie '
Auprès d'elle quel doux émoi!..
Votre leçon, bonne comtesse !
Ici, me vaudra le bonheur!..
Mais agissons avec finesse,
Et surtout pas de maladresse...
(A Lucy.)   N'ayez pas peur !   )bis.)
Ma chère enfant, n'ayez pas peur !

LUCY.

Eh bien! monseigneur... vous êtes-vous occupé de moi?

LE PRINCE.

Elle me le demande... depuis ce matin je n'ai pensé qu'à vous... décidément votre mari est un scélérat...

LUCY.

Oh! oui, monseigneur... figurez-vous que tout à l'heure, ici... je l'ai vu...

LE PRINCE.

Et vous lui avez parlé?

LUCY.

Oui... mais sans me faire connaître... ce voile me dérobait à ses yeux...

LE PRINCE.

Et que vous a-t-il dit?

LUCY.

Oh! des choses... des choses à faire frémir !

LE PRINCE.

En vérité ?

LUCY, hésitant.

Il m'a conseillé ?..

LE PRINCE.

Quoi donc ?..

LUCY, baissant les yeux.

De vous aimer...

LE PRINCE.

De m'aimer... Allons, allons, il n'est pas si coupable que je le pensais.

LUCY.

Oh! monseigneur... un mari!..

LE PRINCE.

Vous avez raison... Oui, il est très coupable... et je me charge de sa punition...   (Il lui prend la main qu'il baise.)

LUCY,

Que faites-vous?

LE PRINCE.

C'est sa punition qui commence... (Ici on entend en dehors un prélude de musique militaire.) Ah! mon Dieu !.. qu'est-ce que c'est que ça? (Il va regarder à la fenêtre qu'il ouvre.) Une sérénade... et c'est Pilbury qui conduit l'orchestre...

LUCY.

Mon mari?..

LE PRINCE.

Lui-même!

PILBURY, en dehors.

Allons, messieurs... l'air favori de monseigneur... et bien en mesure...

(La sérénade accompagne les couplets suivans.)

LE PRINCE.

Air du Bouquet de Bal.

Oui, je veux tenir la promesse
Que je vous ai faite aujourd'hui.
Puisque votre époux vous délaisse,
Moi, je dois vous venger de lui
Mais d'abord, aimez-moi, ma belle,
Car je serai toujours fidèle...

(Il la fait asseoir pres de lui sur le canapé.)

PILBURY, criant au dehors aux musiciens.

Amoroso! comptez les soupirs!

LE PRINCE.

Ma petite, c'est ainsi
Que l'on se venge d'un mari!

LUCY.

Eh! quoi! vraiment c'est ainsi
Que l'on se venge d'un mari?

PILBURY, criant en dehors aux musiciens.

Crescendo!

LE PRINCE.

Ah! pour mom ame quelle ivresse!
A mes vœux enfin rendez-vous!
(A part.)   Je dois ici, de la comtesse,
Suivre les préceptes si doux!
(A Lucy.)   Du tendre amour qui nous engage
Il me faut un baiser pour gage.   (Il l'embrasse.)

PILBURY, criant en dehors aux musiciens.

Fortissimé! appuyez sur la note!..

LUCY.

Je ne fais que suivre ici
Tous les conseils de mon mari!

LE PRINCE.

Ma petite, c'est ainsi
Que l'on se venge d'un mari!

PILBURY, criant en dehors.

Bravo! bravissimo! vive monseigneur!

SCÈNE XX.

Les Mêmes, **LA COMTESSE**, puis **PILBURY**, ensuite **SIR GEORGES.**

LA COMTESSE, entrant.

Monseigneur... que vois-je!.. une femme!   (Lucy baisse son voile.)

LE PRINCE, courant à la comtesse.

Ah! comtesse... que je vous ai d'obligations... si vous saviez comme j'ai profité de votre leçon.

(Reprenant le motif du duo.)

C'est charmant! c'est facile:
De cette leçon-là,
Votre élève docile
Toujours se souviendra.

PILBURY, entrant avec un bouquet.

J'espère que monseigneur est content de ma sérénade...

LE PRINCE, regardant Lucy.

Enchanté!.. elle m'a fait un plaisir... mais, pour qui ce bouquet?

PILBURY.

Pour la dame de vos pensées, monseigneur.

LA COMTESSE, à Pilbury.

Comment, vous saviez...

PILBURY, d'un air de triomphe.

Je savais tout!

LA COMTESSE.

Traître!

PILBURY, passant près de Lucy.

Permettez-vous, monseigneur?

LE PRINCE.

Offrez, Pilbury... offrez...

SIR GEORGES, entrant.

Monseigneur, le dîner est servi... et messieurs les officiers...

LE PRINCE.

Il ne faut pas les faire attendre. (Offrant la main à la comtesse.) Comtesse...

LA COMTESSE, à part.

Je suis d'une colère !..

LE PRINCE.

Pilbury, soyez le chevalier de madame.   (Il lui montre Lucy.)

PILBURY.

Quel honneur!.. mais, belle dame, garderez-vous plus long-temps ce voile fâcheux?..

LE PRINCE.

Pilbury a raison... il est temps de mettre fin à ce mystère...

(Il relève le voile de Lucy.)

PILBURY, la reconnaissant.

Dieu!.. qu'ai-je vu!.. ma femme!..

LA COMTESSE et SIR GEORGES.

Sa femme!..

Air de Rossini.

PILBURY.

ENSEMBLE.

Ah! quel événement!
Ah! grand Dieu! quel moment!
Quel coup pour mon ame.
Je revois ma femme!..
    A quel parti
M'arrêter aujourd'hui?..

LE PRINCE.

Ah! quel événement! quel moment!
Quel coup pour son ame!
Il revoit sa femme!..
Voyons quel parti
Il va prendre aujourd'hui.

LA COMTESSE.

Quel coup pour mon ame!..
Eh quoi! c'est sa femme!..
Par eux, aujourd'hui
Mon espoir est trahi!

SIR GEORGES.

Quel coup pour son ame!
Eh! quoi! c'est sa femme!
Voyons quel parti
Il va prendre aujourd'hui.

LA COMTESSE, à Pilbury.

Votre femme!.. et vous le saviez!

PILBURY.

Mais non... je ne le savais pas... si je l'avais su, est-ce que je lui aurais conseillé tout à l'heure... et la sérénade... ah! malheureux!..

LE PRINCE.

Pilbury... votre femme n'a rien à se reprocher... c'est elle, au contraire qui vous accuse... vous avez de grands torts envers elle... mais j'ai obtenu votre pardon... désormais, madame ne vous quittera plus... et vous resterez toujours auprès de moi.

LA COMTESSE, bas à Pilbury.

Quoi!.. vous consentiriez?..

PILBURY.

Au fait... pourquoi pas, comtesse? comme l'a dit un des nobles aïeux de monseigneur : « HONNI SOIT QUI MAL Y PENSE. »

LE PRINCE.

J'aime les bons ménages... Brummel! voilà un exemple à suivre... vous vous marierez aussi... avec une jolie femme... et vous ne me quitterez pas non plus...

SIR GEORGES, saluant.

Oui, monseigneur.

CHOEUR.

Air de Lestocq.

En ce jour pour nous quelle ivresse
Crions tous vive monseigneur !
Plus de crainte plus de tristesse
Il ne veut que notre bonheur.

LE PRINCE, au public

AIR : Paris et le Village.

Près de fillette au minois séduisant,
    J'étais tout à l'heure intrépide,
Mais devant vous, messieurs, en ce moment
    Le Prince redevient timide.
    Pas de bruit, de fâcheux éclats,
    Ce soir, ici protégez sa jeunesse...
Voudriez-vous changer en un faux pas,
    Le premier pas de son Altesse?

REPRISE DU CHOEUR.

En ce jour, etc.

FIN.